W0266091

Thomas von Aquin
Urbild, Abbild, Spiegelung

THOMAS VON AQUIN

Urbild, Abbild, Spiegelung

Das Schöne,
das Wahre und
das Gute in
der Schöpfung

*Herausgegeben
von
Rita Briese
und
Otto Zsok*

Claudius Verlag
NZN Buchverlag

Die Deutsche Bibliothek – CIP Einheitsaufnahme

Urbild, Abbild, Spiegelung: das Schöne, das Wahre und das Gute in der Schöpfung / Thomas von Aquin. Hrsg. von Rita Briese und Otto Zsok. –
München: Claudius-Verl.; Zürich: NZN-Buchverl., 1995
ISBN 3-532-62183-5 (Claudius Verl.)
ISBN 3-85827-107-1 (NZN Buchverl.)
NE: Thomas <de Aquino>; Briese, Rita (Hrsg.)

© Claudius Verlag 1995
Alle Rechte, auch die des auszugsweisen Nachdrucks, der photomechanischen Wiedergabe und der Übersetzung, vorbehalten.
Umschlaggestaltung: Werner Richter
Gestaltung: Dorothee Bauer
Gesetzt aus der Bembo von Linotype
Druck: Druckerei G. J. Manz AG, München/Dillingen

ISBN 3-532-62183-5 Claudius Verlag, München
ISBN 3-85827-107-1 NZN Buchverlag, Zürich

Einstimmung

Ohne Urbild wäre kein Abbild möglich. Alles, was Gegenstand menschlichen Erkennens werden kann, sind entweder von Menschen geschaffene Dinge *(res artificiales)* beziehungsweise die Schöpfung selbst *(creatura)* oder der Schöpfer *(Creator)*. Daß diese unendlich große kosmische Welt und darin die Erde *Schöpfung* ist, leuchtet vielen Menschen von heute nicht mehr ein. Man erkennt zwar, daß das Gefüge der Welt vom *Geheimnis* durchflutet ist und deshalb auch seine dunkle Seite hat, aber man nimmt nicht mehr selbstverständlich an, daß hinter den eigenständig existierenden Dingen der sichtbaren und unsichtbaren Weltwirklichkeit ein Schöpfer steht.

Für Thomas von Aquin (1224-1274) waren die Dinge und alles Seiende Schöpfung. Er hat den Satz geprägt: »Das natürlich Wirkliche ist zwischen zwei Erkennende gestellt, nämlich zwischen den *intellectus divinus* und den *intellectus humanus.*«[1] Das bedeutet: »In dieser ›Ortsbestimmung‹ des Wirklichen zwischen dem absolut schöpferischen, erdenkenden Erkennen Gottes und dem nachbildenden, ›sich richtenden‹ Erkennen des Menschen stellt sich die Bauform der Gesamtwirklichkeit dar als Struktur der sich verknüpfenden Urbilder und Nachbilder.«[2]
Insofern auch der heutige Mensch Erkennender und Liebender ist, empfindet und erlebt er die Schöpfung in ihrer Wahrheit, Gutheit und Schönheit.
Das Urbild ist das Ursprüngliche, so ähnlich wie der Vater der Ursprung des Sohnes ist. Dennoch ist der Sohn, einmal geboren, nicht weniger real als der Vater.
Das Abbild ist das Abgeleitete. In ihm spiegelt sich das Urbild wieder – freilich notwendigerweise nur unvollkommen. Doch nie würde der Mensch das Abbild *als* Abbild und sich selbst als *Ebenbild* Gottes erkennen, wenn er in sich selbst (in seinem Geist) nicht die *Spuren eines Urbildes* trüge, von dem alles Gute, Wahre und Schöne stammt.
Die folgenden Bilder wollen zum Nachvollziehen dieser Grundgedanken und zum eigenen Meditieren anregen.
Dazu wünschen wir eine geistig spannende Zeit.

München, im Juli 1995 *Otto Zsok und Rita Briese*

Der Ursprung alles Unvollkommenen
liegt notwendig in einem Vollkommenen.

Alles Unvollkommene strebt zur Vollendung.

Zum Nichts zu streben ist nicht
die wesenseigene Bewegung der Natur;
diese Bewegung zielt vielmehr ständig
auf das Gute, und das Streben ins Nichts
ist nur ihr Versagen.

Demut macht bereit für die Weisheit.

Wie das Werk der Kunst
das Werk der Natur voraussetzt,
so setzt das Werk der Natur
das Werk Gottes, des Erschaffenden,
voraus.

Des Weisen Amt ist: ordnen.
Der Name des schlechthin Weisen ist einzig
dem vorbehalten, dessen Betrachtung
sich richtet auf den Zielsinn des Alls,
welcher auch der Allheit Quellgrund ist.

Wenn auch alle Dinge, sofern sie Dasein haben, die göttliche Weisheit abbilden, so bilden doch nicht alle sie auf ein und dieselbe Weise ab, sondern auf verschiedene Weise und in verschiedenem Maße.

Die Glückseligkeit des Menschen besteht
in der Erkenntnis Gottes, nicht aber in der Erkenntnis
der geschaffenen Dinge. Darum ist einer
nicht glückseliger wegen der Erkenntnis der Kreatur,
sondern allein kraft der Erkenntnis Gottes.
Nichtsdestoweniger gehört dennoch
eben diese Erkenntnis der geschaffenen Wesen
zur natürlichen Vollendung der Seele.

Das Staunen ist eine Sehnsucht nach Wissen.

Der Grund, weswegen der Philosoph dem Dichter sich vergleicht, ist dieser: Beide haben es mit dem Staunenswerten zu tun.

Die geschaffenen Wesen bilden ihr Urbild nicht vollkommen ab. Darum vermögen sie es auf vielartige Weise abzubilden, und so kann es vielartige Abbilder geben.

Das ungeschaffene Abbild ist, da es vollkommen ist, nur eines. Keine Kreatur aber bildet das erste Urbild, welches die göttliche Wesenheit ist, vollkommen ab; und deswegen vermag es durch viele Wesen abgebildet werden.

Unser erkennender Geist spannt sich,
indem er etwas erkennt, ins Unendliche aus.

Gut ist das, wonach alle Wesen verlangen.
Alle Wesen aber verlangen danach,
auf ihre Weise wirklich zu sein.
Das Wirklichsein macht den Begriff
des Guten aus.

Das Wasser ist wegen seiner Durchsichtigkeit
aufnahmefähig für das Licht.

Das Erkenntnislicht selbst, das in uns wohnt,
ist nichts anderes als ein irgendwelches
uns teilhaftig gewordenes Abbild
des ungeschaffenen Lichtes, in welchem
die ewigen Wesensbilder enthalten sind.

Der erkennende Geist ist darauf angelegt, alles,
was ist, in seinem wirklichen Wesen zu erkennen.

Gut und *wahr* und *seiend* sind der Sache nach ein und dasselbe, gedanklich jedoch sind sie unterschieden.

Die Sinne täuschen sich nicht über
ihren Eigengegenstand.

Alles, worüber wir urteilen, wird notwendig
irgendwie auf die Sinne zurückbezogen,
weil die Sinne der erste Ursprung
unseres Erkennens sind.

Gutes ohne Böses kann es geben;
Böses aber ohne Gutes kann es nicht geben.

Das Wahre und das Gute schließen einander ein:
das Wahre ist ein Gut, sonst wäre es nicht
begehrenswert; und das Gute ist ein Wahres,
sonst wäre es nicht erkennbar.

Die Erkenntnis schafft Ähnlichkeit,
sofern im Erkennenden ein Abbild
des Erkannten entsteht.

In den Dingen findet sich, gemäß der Verschiedenheit ihrer Natur, eine verschiedene Weise der Wesensäußerung.

So weit vermag unser natürliches Erkennen sich zu erstrecken, als es an der Hand geführt werden kann durch die sinnfälligen Dinge.

Den Sinnen ist es eigen, *dieses farbige Ding* wahrzunehmen, der geistigen Erkenntniskraft aber ist es eigen, das Wesen der Farbigkeit selbst zu erfassen.

Das Gute und die Hinneigung zum Guten
folgt aus der Natur eines Wesens selbst;
solange darum die Natur verbleibt,
kann die Hinneigung zum Guten nicht
hinweggenommen werden.

Dunkel ist die Kreatur,
sofern sie aus dem Nichts stammt.
Sofern sie aber von Gott ihren Ursprung hat,
ist sie teilhaftig seines Bildes und führt so
hin zur Ähnlichkeit mit ihm.

Das Wahre ist das Gut des erkennenden Geistes; um deswillen nämlich wird eine Erkenntniskraft gut genannt, daß sie das Wahre erkennt.

Niemals würde der Wille nach Erkenntnis verlangen, erfaßte nicht die Erkenntniskraft zuvor das Erkennen selbst als ein Gut.

Die menschliche Erkenntniskraft, die sich natürlicherweise von den sinnfälligen Dingen her ihr Wissen erwirbt, vermag aus sich selbst nicht dahin zu gelangen, die göttliche Wesenheit in sich selbst zu schauen, die über alle sinnfälligen Dinge, ja über alle anderen Wesen unvergleichlich erhaben ist.

Spielen ist notwendig zur Führung
eines menschlichen Lebens.

Von Natur ist es dem Menschen eigen,
nach der Erkenntnis der Wahrheit zu verlangen.

Das Erkenntnislicht, das in uns wohnt,
ist nichts anderes als ein irgendwelches
uns teilhaftig gewordenes Abbild
des ungeschaffenen Lichtes,
in welchem die ewigen Wesensbilder
enthalten sind.

Das Auge sieht weder sich selbst noch nimmt
es wahr, daß es sieht.
Der erkennende Geist aber erkennt sich selbst,
und er erkennt auch, *daß* er erkennt.

Im Menschen ist nicht allein Gedächtnis, sondern Erinnerung.

Die Wahrheit des menschlichen Erkennens
empfängt Richte und Maß vom Wesen des Dinges.
Dadurch nämlich ist eine Meinung wahr oder
falsch, daß ein Ding ist oder nicht ist.

Aus der Ur-Wahrheit ergeben sich
im Geiste der Menschen viele Wahrheiten,
wie das eine menschliche Angesicht
viele Gesichter ergibt – in einem zerbrochenen
Spiegel.

In den Dingen selbst findet sich die Ordnung auf ursprüngliche Weise verwirklicht; von innen leitet sich die Ordnung unseres Erkennens her.

Was von Gott stammt, ist geordnet.

Darin aber besteht die Ordnung der Dinge, daß die einen durch die anderen zu Gott geführt werden.

■ Der menschliche Geist nimmt, obwohl er sich selbst zu erkennen vermag, doch den Anfang seiner Erkenntnis von außen. Er vermag nämlich nicht zu erkennen ohne sinnliches Bild.

Die höchste Stufe der gesamten Schöpfung
ist die menschliche Seele, und zu ihr hin strebt
die Materie wie in ihre äußerste Form...
Der Mensch nämlich ist das Ziel der gesamten
Schopfung.

Die Ganzheit des gesamten göttlichen Werkes
vollendet sich in bestimmtem Sinn dadurch,
daß der Mensch, der zuletzt erschaffen worden ist,
in einer Art Kreislauf zu seinem Ursprung
zurückkehrt, indem er durch das Werk
der Menschwerdung eins wird mit dem Urgrund
der Dinge selbst.

Die geistbegabten Wesen haben eine größere Verwandtschaft zum Ganzen als die anderen Wesen. Denn jegliches geistbegabte Wesen ist in gewisser Weise alles, sofern es durch seine Erkenntniskraft das gesamte Sein zu fassen vermag. Jedes andere Wesen aber besitzt nur eine stückhafte Teilhabe am Sein.

Jegliches Wesen begehrt von Natur
Einheit wie auch Gutheit.

Wenngleich die geschaffenen Wesen
vergänglich sind: niemals werden sie in das Nichts
zurücksinken.

NFL

Anmerkungen zu Thomas von Aquin (1224-1274)

Thomas von Aquin wurde 1224 auf der Burg Roccasecca bei Aquino, einer kleinen Stadt zwischen Rom und Neapel, geboren. Die prägenden Einflüsse entspringen sowohl dem Lateinisch-Italienischen als auch dem Germanischen, denn die soziale Umwelt, aus der Thomas stammt, ist durch die schwäbischen Hohenstaufenkaiser bestimmt. Sein Vater und seine Brüder gehören zum Hofadel Friedrichs II. von Hohenstaufen (1194-1250).

1245 – ein Jahr, nachdem Thomas gegen den Widerstand seiner reichen Familie in den Dominikanerorden eingetreten ist –, geht er nach Paris, um dort an der für die damalige Zeit maßgeblichen abendländischen Universität mit Vehemenz das Studium der Philosophie und der Theologie aufzunehmen. Die große geistige Herausforderung liegt dabei in dem Eindringen der griechischen Philosophie, vor allem des Aristoteles, in die christliche Welt, da dies gemeinhin als etwas Fremdes, Neues, Gefährliches, ja Heidnisches empfunden wird.

Thomas stellt sich unbefangen dieser Herausforderung. Er wählt für sich *existenziell* sowohl das Evangelium und die Armut als auch Aristoteles und Platon. Mit seiner ungeheuren Einbewältigungskraft erkennt der junge Dominikaner, daß die zwei Größen des griechischen Geistes wichtige Helfer bei der Wirklichkeitsaufhellung sind und daß sie demnach zu den Quellen der Erkenntnis des göttlichen Geheimnisses dazugehören.

Der bedeutendste Professor der Pariser Zeit hieß Albertus Magnus, den man mit Recht den Großen nennt, ist er doch der Begründer der modernen Wissenschaft gewesen. Nicht nur Tiere, sondern auch den Menschen hat er gründlich studiert, und so erkennt er bald, daß sich hinter der Schweigsamkeit des Thomas, der von seinen Kommilitonen »der stumme Ochse« genannt wird, ein außergewöhnlich scharfer Geist verbirgt.

Aber nicht nur sein Geist und seine Geisteshaltung, sondern der ganze Mensch Thomas von Aquin wirkt auf seine Zeitgenossen »wie eine frischere und kühlere Atemluft« (Josef Pieper). Die Zeugen seines Lebens, die 1323 in dem Heiligsprechungsprozeß befragt werden, wiederholen – so Pieper – übereinstimmend, daß Thomas »ein lauterer Mensch gewesen sei, demütig, schlicht, den Frieden liebend, der Kontemplation hingegeben, maßvoll und ein Liebhaber der Armut. Und er selbst hat es immer wieder gesagt: die Vollkommenheit des Lebens liege viel mehr im inneren Richtigsein als in äußeren Akten der Askese. Einer der Zeugen … sagt, die Gebete des heiligen Thomas hätten immer nur eines erbeten: Weisheit. Das ist … nicht ganz zutreffend; denn es gibt ein auf uns gekommenes Gebet, in dem Thomas darum bittet, es möge ihm geschenkt werden, ›heiter zu sein ohne Leichtfertigkeit und reif ohne Wichtigtuerei‹.«[3]

Nach seinen Studien in Paris und Köln wird Thomas »Magister der Theologie« (also das, was man heute Professor nennt) und lehrt mit großem Erfolg in Paris, dann in Italien und wiederum in Paris. Die letzten zwei Jahre seines Lebens verbringt er in Neapel, wo er das »Studium generale« aufbaut. Fünfzigjährig stirbt er am 7. März 1274 auf dem Weg zum Konzil von Lyon in der Zisterzienserabtei Fossanuova.

Thomas von Aquin, der später der »Lehrer des Abendlandes« genannt wird, ist zutiefst der Überzeugung, daß das Erkennen der Wahrheit nicht *nur* im Kopf und mit Hilfe des Intellekts, sondern auch in einer Haltung der *Herzensreinheit* vor sich geht. Damit das innerste Vermögen der Seele schweigend auf die Sprache der Wirklichkeit lauschen kann, muß sich der Mensch hellwach, heiter und meditierend der Sache, um die es geht (der Wirklichkeit also), öffnen.

Die Wahrheit der wirklichen Dinge zu fassen und so die ganze Schöpfung als selbständige Wirklichkeit anzuerkennen – darauf richtet sich die ganze Leidenschaft des Thomas, denn er ist nicht nur ein Philosoph, sondern auch ein Theologe. Genauer gesagt: Als Philosoph ist er Theologe, und als Theologe ist er Philosoph. Die Verknüpfung der herzhaften Weltlichkeit mit der Radikalität des Evangeliums geschieht bei Thomas aus einem *theologischen* Grund. In der Bejahung des Konkreten und der sinnfälligen Weltwirklichkeit des Aristoteles erkennt Thomas das unaufgebbare Element der christlichen Schöpfungsbejahung.

Die Argumentation des Aquinaten läßt sich, sehr abgekürzt, so zusammenfassen: Die natürlichen Dinge der Welt haben ein wirkliches, in sich selbst ruhendes Eigen-Sein, weil sie vom Schöpfer erschaffen worden sind – erschaffen heißt: Sein mitteilen. Die natürliche Welt ist eine Realität eigenen Rechts, aber es gäbe keine selbständige und zugleich *nichtabsolute* Weltwirklichkeit, wenn es nicht den Schöpfer gäbe.

Auch der Mensch mit seinen vielfältigen Kräften führt ein eigenständiges Sein, und man kann seine natürliche Wirklichkeit (seine Einheit aus Leib, Seele und Geist) nicht zugunsten des Religiösen einfach ignorieren. Das einzelne Subjekt, der konkrete Mensch in seiner einmaligen Individualität sei höchste Seinsweise, lehrt Thomas und eröffnet damit für die damalige Zeit geradezu unerhörte Perspektiven. Auch die von ihm sorgfältig herausgearbeitete These vom absoluten Verpflichtungscharakter des subjektiven Gewissens bedeutet einen revolutionären *Aufbruch zur Würde und zur Verantwortung des einzelnen Menschen.*

Für Thomas gilt, daß die Dinge gut sind, und zwar dadurch, *daß* sie sind. Dies Gutsein der Dinge durch ihr Sein selbst, kann nicht zwingender begründet werden als durch die

Geschaffenheit. »Weil die Dinge, auch die Engel, auch die Menschen, Kreatur sind, gerade darum ist es undenkbar, daß sie selber ihr eigenes Sein oder das Sein der Welt wesentlich verändern könnten; selbst wenn sie es wollten, sie können (letztendlich) nicht (das) Sein zerstören, weder ihr eigenes Sein noch fremdes Sein.«[4]

Welch ein Trost in dieser Sichtweise liegt, können gerade wir heutigen Menschen voll begreifen, wenn wir die ökologische Krise und die Not der Menschen in den Kriegsgebieten bedenken. Die partielle oder totale Zerstörung der Natur (und eventuell der ganzen Menschheit durch einen Atomkrieg) kann, wenn man Thomas von Aquin glaubt, nur die *raumzeitliche Gestalt* der realen Natur und des realen Menschen gefährden, nicht aber ihr Sein.

Von dieser zutiefst gläubig-humanen, unbefangenen Bejahung und Anerkennung der Schöpfungswirklichkeit her läßt sich verstehen, daß Thomas von Aquin mitten in seinem umfangreichen Werk der »Summa Theologica« davon reden kann, daß das Schlafen und Baden, der gute Wein und das offene Gespräch mit Freunden Heilmittel wider die lähmende Traurigkeit der Seele sind.

Thomas' theologisches und philosophisches Schaffen ist letztlich (bewußt) unvollendet geblieben. Der Aquinate hat kristallklare Gedanken von großer Kühnheit niedergeschrieben, doch durchgängig spürt man in seinen Schriften die Ehrfurcht vor dem Unaussprechlichen und vor der Unbegreiflichkeit des Seins. Nicht nur über Gott sagt er, daß wir nicht zu wissen vermögen, was er ist, sondern auch die geschaffenen Dinge sind uns ihm zufolge unergründlich – obgleich ihre Erkennbarkeit unausschöpfbar ist.

In den letzten vier Monaten seines Lebens hat Thomas von Aquin keinen Satz mehr geschrieben. Seinem Sekretär, Reginald von Piperno, gegenüber begründete er sein Verstummen mit den Worten: »Alles, was ich geschrieben habe, erscheint mir wie Spreu – verglichen mit dem, was ich geschaut habe und was mir offenbart worden ist.«

Wie man jenes mystische Erlebnis auch deuten mag, es läßt sich zweifellos feststellen: Nicht der Tod, sondern die Überfülle des Lebens vor und in dem *Geheimnis* des Schöpfers schloß ihm den Mund. Sich beugen vor dem in der Schöpfung waltenden Geheimnis, sich mutig der Wirklichkeit der guten Schöpfung öffnen, um sie bejahend sinnvoll zu gestalten (da, wo es nötig ist) – das ist in der Tat eine menschlich-christliche Haltung, die wir Heutigen vom »Lehrer des Abendlandes« lernen können.

München, im Juli 1995 *Otto Zsok*

Zeittafel

1193	(?) Geburtsjahr des Albertus Magnus
1194	Geburtsjahr Friedrichs des Zweiten
1221	Todesjahr des heiligen Dominikus
1224	Gründung der Universität Neapel durch Friedrich den Zweiten
1224	(1225?) Geburtsjahr des Thomas von Aquin
1226	Todesjahr des Franz von Assisi
1226	Regierungsantritt Ludwigs des Neunten, des Heiligen, von Frankreich
1230-39	Thomas in Monte Cassino
1239	Thomas kommt an die Universität Neapel
1244	Eintritt in den Dominikanerorden
1244-45	Gefangenschaft in San Giovanni
1245	Konzil von Lyon. Absetzung Friedrichs des Zweiten
1245	Thomas kommt nach Paris. Beginn der Pariser Lehrtätigkeit des Albertus Magnus
1248	Thomas geht mit Albertus nach Köln. Grundsteinlegung des Kölner Doms
1250	Todesjahr Friedrichs des Zweiten
ca. 1250	Vollendung der Notre-Dame-Kathedrale zu Paris (Westfassade)
1252	Thomas geht nach Paris zurück, als Baccalaureus. *Über das Dasein und Wesen (1254-1256). Kommentar zum Sentenzenbuch des Petrus Lombardus (1254-56)*
1254-73	Interregnum in Deutschland
1256	Thomas erhält vom Kanzler von Notre-Dame die Erlaubnis, eine selbständige öffentliche Lehrtätigkeit als Professor zu beginnen; am gleichen Tag auch Bonaventura. *Über die Wahrheit (1256-59), Kommentar zu Isaias (1256-59), Kommentar zu Boethius, Über die Dreieinigkeit (1257-58)*
1259	Thomas geht nach Italien. *Summe wider die Heiden (1259-64)*
1260-64	Thomas als Lehrer an der Hochschule des päpstlichen Hofes, unter Urban dem Vierten. *Fronleichnamsoffizium (1264)*
1264	Todesjahr Urbans des Vierten. Thomas geht nach Rom. *Über die Macht Gottes (1265-67), Theologische Summe (1266-73)*
1265	Geburtsjahr Dantes

1267-69	Thomas am Hofe Klemens des Vierten zu Viterbo. *Über die politische Herrschaft (etwa 1266), Kommentar zu Jeremias (1267-69)*
1268	Enthauptung Konradins, des letzten Hohenstaufen, zu Neapel
1269-72	Thomas wiederum an der Universität Paris. *Über das Böse (nach 1269), Über die Tugenden (1269-72), Aristoteleskommentare (1266-72), Kommentar zum Johannesevangelium (1269-72), Kommentare zu den Paulusbriefen (1269-73), Kompendium der Theologie (1272-73)*
1270	Todesjahr Ludwigs des Neunten von Frankreich
1272	Thomas geht nach Neapel
1273	Königswahl Rudolfs von Habsburg
1274	Tod des Thomas von Aquin in Fossanuova (7. März)
1280	Todesjahr des Albertus Magnus
1321	Todesjahr Dantes
1323	Thomas wird heilig gesprochen
1567	Thomas wird zum Kirchenlehrer erhoben

Quellennachweis

Seite 6 Summa contra Gentes (C.G.) 1, 28
Seite 8 Summa theologica (STh.) I, II, 16, 4
Seite 10 Quaestiones disputatae de potentia Dei (Pot.) 5,1 ad 16
Seite 12 C.G. 3, 65
Seite 14 Quaestiones disputatae de malo (Mal.) 8, 3 ad 8
Seite 16 C.G. 1, 1
Seite 18 Quaestiones quodlibetales (Quol.) 4, 1
Seite 20 Quaestiones disputatae de veritate (Ver.) 20, 3 ad 5
Seite 22 STh. I, II, 32, 8 *und* Kommentar zu Aristoteles, Metaphysik (In Met.) I, 3; Nr. 55
Seite 24 Pot. 3, 16 ad 12 *und* STh. 47, 1 ad 2
Seite 26 C.G. 1, 43
Seite 28 C.G. 1, 37
Seite 30 STh. III, 66, 3 *und* STh. I, 84, 5
Seite 32 C.G. 3, 59
Seite 34 STh. I, II, 29, 5
Seite 36 STh. I, 85, 6 *und* Ver. 12, 3 ad 2
Seite 38 STh. I, 109, 1 ad 1 *und* STh. I, 79, 11 ad 2
Seite 40 Mal. 6, 1 ad 13
Seite 42 C.G. 4, 11
Seite 44 STh. I, 12, 12 *und* Ver. 25, 1
Seite 46 Ver. 16, 3 ad 5
Seite 48 Ver. 18, 2 ad 5
Seite 50 C.G. 1, 71
Seite 52 C.G. 3, 26
Seite 54 C.G. 4, 1
Seite 56 STh. II, II, 168, 3 ad 3
Seite 58 Mal. 9, 1
Seite 60 STh. I, 84, 5
Seite 62 C.G. 2, 66
Seite 64 Quaestio disputata de anima (An.) 13
Seite 66 Quaestio disputata de spe (De spe) 1 ad 7
Seite 68 Quol. 10, 7
Seite 70 STh. II, II, 26, 1 ad 2
Seite 72 Römer 13, 1 *und* STh. I, II, 111, 1
Seite 74 C.G. 4, 11
Seite 76 C.G. 3, 22
Seite 78 Quol. 10, 7
Seite 80 C.G. 3, 112
Seite 82 STh. I, II, 36,3
Seite 84 STh. I, 65, 1 ad 1

Die deutsche Übersetzung der zitierten Texte wurde mit freundlicher Genehmigung des Kösel Verlages folgenden Büchern entnommen:

Thomas-Brevier. Lateinisch – Deutsch. Zusammengestellt, verdeutscht und eingeleitet von Josef Pieper. München 1956

Sentenzen des Thomas von Aquin. Deutsch von Josef Pieper. München 1965

Anmerkungen

1 Quaestiones disputatae de veritate 1, 2
2 Josef Pieper, *Unaustrinkbares Licht. Das negative Element in der Weltansicht des Thomas von Aquin.* München, 2. Auflage 1963, S. 24
3 Josef Pieper, *Thomas von Aquin. Leben und Werk.* München, 3., veränderte Auflage 1986, S. 33
4 Josef Pieper, idem, S. 181

Die Herausgeber

Rita Briese
Geb. 1940, engagierte Autodidaktin der Fotografie. Menschen und deren Kulturen bilden den Schwerpunkt ihrer fotografischen Arbeit. Fünf Jahre lebte sie mit ihrem Mann und zwei Kindern in Bombay. Dort mit Schülern der Deutschen Schule sowie dem Indologen G. Sontheimer als Fotografin tätig. Heute lebt sie in München.

Otto Zsok
Geb. 1957 in Siebenbürgen. Diplomtheologe, Magister der Philosophie und Buchautor, lebt seit 1981 in Deutschland. Vater eines Sohnes.
Seit 1991 ist er Dozent und Berater für Logotherapie nach Viktor E. Frankl im »Süddeutschen Institut für Logotherapie« in Fürstenfeldbruck bei München.

Richard Rohr

Die Reise nach Assisi

Gemeinschaft der Verwundeten –
Erfahrungen mit der radikalen Mystik des Franz von Assisi

Herausgegeben von Marion Küstenmacher. Deutsche Originalausgabe. Aus dem Amerikanischen von Thomas Buchter. 88 S., mit 52 z.T. ganzseitigen farbigen Abbildungen, fest gebunden, DM 34,–, öS 265,–, sFr 35,50, ISBN 3-532-62148-7

Eine Reise mit Richard Rohr auf den Spuren des Franz von Assisi. Widergespiegelt durch alle Vorträge, die Richard Rohr in Assisi gehalten hat. Darüber hinaus zeigen Texte, Gedichte, Träume, Gebete und Reflexionen aus der Gruppe, welche Bewegungen und Prozesse die zärtliche Armutstheologie des Poverello noch heute auslösen kann. Das Buch lädt zum Mitreisen ein und zur Hinwendung zum franzis-kanischen Weg, d. h. zum Armen, Kleinen, Verletzlichen und Verwundeten – auch in uns selbst.

Franziskus, „der Prophet von unten", verkündete Christus als *imago amore,* dem Fenster zur Liebe Gottes. „Wenn wir an der *imago amore* festhalten, bewahrt uns das davor, aus dem Leben des Franziskus eine weitere rührselig-fromme Story eines mittelalterlichen Heiligen zu machen. Nur so können wir Franziskus als einen Mann sehen, der auf seiner spirituellen Reise erst die Liebe zur Natur, dann die Hingabe für die Armen und schließlich zur zärtlichsten und leidenschaftlichsten Liebe zu Jesus findet."

Richard Rohr

Claudius Verlag · Birkerstraße 22 · 80636 München